A3
Lb 40

CAHIER DE RÉFORMES,

OU

VŒUX D'UN AMI DE L'ORDRE,

ADRESSÉS AUX CONSULS

ET AUX COMMISSIONS LÉGISLATIVES.

> « Veuillent les immortels conducteurs de ma langue
> » Que je ne dise rien qui doive être repris ».
> LA FONTAINE.

A PARIS,

Chez CHAIGNIEAU aîné, rue de la Monnaie, n°. 27, vis-à-vis celle Boucher;
Et chez les Marchands de Nouveautés.

AN VIII.

CAHIER DE RÉFORMES,

OU

VŒUX D'UN AMI DE L'ORDRE,

Adressés aux Consuls et aux Commissions législatives.

Quelque soit la constitution de la France, son bonheur et sa prospérité dépendent de l'unité d'action dans son gouvernement : cette unité qui n'est pas la monarchie, mais le constant accord de tous les pouvoirs représentatifs, peut seule assurer la liberté publique et donner au propriétaire une garantie de ses droits. Ce principe consacré dans la constitution de l'an 3 a toujours été méconnu, et le républicain qui a tout sacrifié pour assurer son indépendance, cherche en vain la république. Il avait dans ses mains un livre qu'il respectait, parce qu'il contenait tous les élémens du bien, un code dont la base semblait être la liberté individuelle, l'égalité relative et sur-tout la propriété respectée; mais s'il rapprochait de ce guide des législateurs, l'histoire de son pays depuis l'acceptation de la constitution, il voyait pâlir toutes les pages et s'effacer tous les préceptes qui lui garantissaient le bonheur.

La séparation des trois grands pouvoirs de l'état est l'idée première et conservatrice des républiques; mais c'est une erreur de croire que ces trois pouvoirs doivent être parfaitement égaux. Le corps social peut se comparer au corps humain; le pouvoir législatif est la raison, le pouvoir judiciaire la conscience, et le pouvoir exécutif l'action. Mais si la comparaison est juste on sentira que s'il faut plus de force morale pour concevoir et juger que pour agir, il faut plus de force physique pour agir que pour imaginer. D'un autre côté, lorsque notre raison a déterminé les bases d'une action, l'esprit en modifie encore le mouvement, et cet esprit qui règle la force exécutive, manquait à notre gouvernement: un exemple va développer cette vérité.

Un général voit que pour dégager son armée, ou pour profiter d'une faute de son ennemi, il doit attaquer sans délai. Sa résolution prise sur les connaissances générales qu'il a de sa position il commence à agir; mais pour ne pas ralentir ses succès, à peine a-t'il tracé les divisions principales de son plan qu'il abandonne aux officiers du second ordre l'exécution de ces premières idées. Il ne règle pas minutieusement les pas, les mouvemens de chaque soldat, il laisse aux guerriers qu'il commande le soin des détails, l'honneur de faire naître des circonstances heureuses qui concourent à son but, et l'honneur plus grand encore de réparer les oublis du général.

Il en est de même de l'administration politique. La manie de régenter le pouvoir exécutif et de faire des lois particulières et spéciales pour chaque partie de l'administration, a paralysé l'action du gouvernement. Le corps législatif doit poser les bases constitutionnelles et s'arrêter lorsque, dans ses bases, il a su conserver les droits des citoyens; il doit en un mot faire des lois sommaires et non des réglemens organiques.

Le pouvoir exécutif à son tour aura une marche plus sûre, plus constante, plus rapide, lorsqu'après avoir déterminé le mode général de l'application d'une loi et l'accord qu'elle doit avoir avec les lois du même ordre, il confiera à ses ministres les détails secondaires et les moyens d'exécution; sans cela les chefs de l'état, les ministres, leurs agens ne sont que de simples commis, et le pouvoir exécutif n'est plus en quelque sorte un pouvoir. Dans l'ordre judiciaire où tout doit fléchir devant l'expression de la loi, il existe une jurisprudence qui seconde l'intention et supplée au silence du législateur.

Le pouvoir exécutif ne saurait-il avoir aussi une jurisprudence? Mais, dira-t'on, toute autorité cherche à s'étendre, c'est esprit du gouvernement favorisant l'ambition peut entraîner à des abus de pouvoir ! Oui, tant que la responsabilité des ministres ne sera qu'un mot vide de sens; mais si l'on aborde avec franchise ce problème encore irrésolu, si l'on détermine un mode sûr de procéder contre les prévaricateurs et sur-tout de les atteindre, ces abus de pouvoir ne seront pas à craindre. Jusqu'ici l'on a beaucoup parlé de garantie sans rien définir; on a demandé des comptes sans les obtenir; on a signalé des ministres criminels sans les punir. Le peuple vit la faiblesse du gouvernement, il gémit : nos ennemis la virent mieux encore; ils en profitèrent.

Faute de cette liberté d'action, le gouvernement, forcé de s'occuper de tous les détails, a compliqué les ressorts, obstrué sa marche, fatigué son attention et diminué sa vue. Obligé de consulter le corps législatif à chaque mouvement qu'il a fait, il a perdu cent fois un temps précieux aux besoins de l'état. Bientôt, pour parer les coups qu'on pouvait lui porter, le directoire a cru devoir affecter une politique mystérieuse et profonde, qui a augmenté ses détracteurs sans ajouter à ses forces.

Est-il besoin de retracer le tableau des maux effrayans de la France et des dangers de la république, pour sentir qu'ils sont nés de la marche incertaine et vacillante du gouvernement, de ce système désorganisateur qui a fait croire aux anciens directeurs, que le vaisseau de l'état ne pouvait voguer qu'au milieu du choc tumultueux des factions, tour-à-tour soutenues, abandonnées, protégées et comprimées. C'est en opposant les exclusifs aux thermidoriens, les constitutionnels aux anarchistes, qu'il a cru détourner leurs attaques : l'ignorance et la lâcheté ont pu seules imaginer ce système. Cette erreur funeste est la cause première de la défaite des armées, de l'embarras des finances, du découragement général, du nouveau soulèvement de la Vendée, de la perte de notre marine. Les partisans du système des balancemens, ont cru voir dans le mécontentement universel un esprit contre - révolutionnaire qui n'exista que dans leur imagination (si l'on excepte quelques insensés, plus à plaindre qu'à redouter). Ce n'est point du gouvernement constitutionnel qu'on était las, puisque ce gouvernement tutélaire était encore à naître, mais du machiavélisme des gouvernans et de la tyrannie de leurs agens.

La véritable force du pouvoir exécutif est dans sa sécurité. On multiplie ses ennemis quand on croit les voir dans tous ceux qui n'applaudissent pas à nos caprices. Cette première crainte nécessite d'injustes rigueurs, des mesures outrées ; ces mesures ont toujours un effet opposé au motif qui les dicta, la responsabilité des communes, la loi des ôtages, l'emprunt forcé, la monstrueuse attribution civile donnée aux commissions militaires; tous ces moyens qui supposent de grands besoins et de grands dangers, produisent nécessairement les besoins et les dangers qu'ils supposent. Pour mettre à exécution de pareils moyens, il a fallu trouver des hommes qui sussent étouffer la voix de leur conscience, des hommes qui, par opinion ou par intérêt, voulaient être les instrumens d'une tyrannie que la constitution réprouvait. A peine furent-ils appelés aux places, qu'ils ajoutèrent à la rigueur des lois, les formes les plus acerbes, les vexations les plus révoltantes; le gouvernement trompé céda aux justes réclamations, il destitua, renomma, redestitua, et par une suite de sa première imprudence replaça toujours des hommes ineptes ou détestés qui tyrannisèrent, dilapidèrent et furent impunis. Alors la crainte glaça tous les gens de bien; le découragement se propagea, la confiance disparut, l'or fut enfoui, le commerce suspendit ses opérations, les banqueroutes frauduleuses se multiplièrent, plus de mutations, plus d'approvisionnemens; plus de contrats, par conséquent moins de perception dans les impôts indirects, moins de timbre, moins d'enregistrement, moins d'argent au trésor public. Le conscrit fuit ses drapeaux; le débiteur trahit par spéculation ses engagemens; le contribuable attendit les garnisaires; le ministre des finances ne put satisfaire aux dépenses urgentes que par de grands sacrifices. Les ordonnances furent arriérées, les soumissions inexécutées, les armées dans le dénuement et les défenseurs de la patrie sacrifiés. Les plaintes les plus justes éclatèrent de toutes parts, toutes les factions s'en emparèrent, les commentèrent, les firent valoir dans les conseils, dans les journaux, dans les clubs, à la tribune, et préparèrent ces réactions funestes dont nos ennemis surent si bien profiter. Tel est le fruit d'une première violation du pacte social, telle est l'influence de la moralité des gouvernans sur l'esprit des gouvernés.

Il n'est point douteux que le royalisme existait et conspirait toujours, mais il puisa ses forces dans le plan même que suivit le gouvernement. Les mesures révolutionnaires sans cesse invoquées, les autorités confiées à des hommes ignorans, rapaces et sanguinaires, la division que l'on fomenta entre tous les partis, l'oubli constant des principes constitutionnels, telles furent les bases sur lesquelles le royalisme appuya ses efforts et fondit son espoir. Il espéra bien plus encore quand il vit le gouvernement méconnaître les plus sincères amis de la liberté, les traiter comme ceux qui trâment la perte de la république, quand il vit confondre avec le partisan des Bourbons, tout homme qui exprima son mécontentement sur la conduite des gouvernans ou de leurs agens. Si les royalistes avaient les moyens qu'on leur suppose, quand on veut employer des mesures révolutionnaires, si tout mécontent était royaliste, la république aurait depuis long-temps cessé d'exister. La preuve que le royalisme n'a de force que celle que lui donnent les abus, c'est son association perpétuelle avec ses plus grands ennemis, les anarchistes. L'intérêt personnel sera toujours le régulateur de l'opinion individuelle. *Si vous voulez que j'aime, que je serve la république*, dira tout mécontent, *faites que j'y sois heureux*.

Pour ne s'être point tenus dans les bornes que leur prescrivait la constitution, les deux grands pouvoirs de l'état ont perdu leur principale force, la force d'opinion sans laquelle il n'est aucun gouvernement solide.

On a trop méprisé le peuple quand on a cru pouvoir s'en passer, et par le peuple il ne faut pas entendre l'aveugle populace, mais la masse immense de citoyens qui raisonnent, qui jugent, sur-tout *qui possèdent* et dont l'intérêt unique est de maintenir tout gouvernement qui défendra les propriétés. Aussi ce peuple, ce vrai peuple s'est-il vengé de l'indifférence des gouvernans par le plus profond mépris. Je le demande : qu'elle est la loi la mieux observée de celle qui est faite par une autorité qu'on estime ou de celle qui est dictée par une autorité qu'on méprise ? La violence produit quelques momens le même effet que la confiance, mais la violence épuise et la confiance régénère (1).

La paix est le vœu de tous les français, la paix était un besoin impérieux pour le gouvernement lui-même; mais quelle est la puissance qui aurait voulu faire la paix avec un gouvernement qui n'avait point de stabilité, dont le système variait avec les individus qui le composaient, et dans les mains duquel la constitution était un glaive et non pas un égide.

Il est, dans les révolutions, un terme où le corps social, après avoir parcouru tous les systèmes politiques, après avoir éprouvé tous les malheurs, doit enfin se reposer dans un gou-

---

(1) On ne saurait trop le répéter, c'est elle qui fait circuler le numéraire, qui obtient les sacrifices volontaires, qui active le commerce, qui soutient le crédit, qui crée l'esprit public fertile en ressources, et qui confond tous les intérêts particuliers dans l'intérêt général.

vernement solide. Ce terme est arrivé pour la France : ou le gouvernement républicain marchera avec unité d'action, ou il est à craindre qu'après quelques convulsions anarchiques il ne devienne la proie du royalisme, auquel se réuniront les mécontens de tous les partis. L'intérêt de la majorité de la nation française, le vœu de tous les hommes sensés, est que la république se maintienne ou plutôt s'établisse.

Pour arriver à ce but desiré, il fallait une secousse prompte, sûre et générale : elle devait se faire pour le peuple, et non par le peuple. Secondée par l'opinion, elle ne devait coûter ni sang, ni larmes, ni trésors, et porter dans tous les cœurs la conviction qu'elle serait la dernière.

Le 18 brumaire a vu ce phénomène politique. Ceux qui ont opéré ce grand changement ont la confiance publique ; l'espoir renaît, et tout homme de bien peut faire connaître son vœu, certain qu'il sera rempli, pourvu qu'il soit conforme à l'intérêt général.

Si un examen réfléchi, exempt de toute prévention, ne m'a point trompé sur les desirs constans des amis de l'ordre, je crois qu'ils demanderont avec moi :

I.

Que le gouvernement représentatif et libre ; toujours amovible, rarement permuté, soit puissant, énergique, lent dans ses conceptions législatives, rapide dans son exécution, fort par la considération dont on l'environnera, intéressé à ménager l'opinion publique.

I I.

Qu'il s'occupe sans relâche de donner à la France une paix honorable, et que, satisfait de la majesté de la république française, il abjure tout esprit de conquête, qui n'agrandirait son territoire qu'aux dépens de ses forces.

I I I.

Que les lois rétroactives ou révolutionnaires soient rapportées ou modifiées, sur- to celle du 3 brumaire qui perpétue, par la persécution, deux castes que les républicains ne doivent plus connaître (1).

---

(1) Le signe de réprobation donné aux prêtres et aux nobles, engage ces derniers, nombreux et riches encore,

IV.

Que la liste des émigrés soit fermée.

V.

Qu'un acte du gouvernement consacre l'union de tous les français en proscrivant, sous des peines graves, toute dénomination inventée par les factions; qu'il n'existe ni jacobins, ni chouans, ni terroristes, ni muscadins, ni aristocrates, et qu'on ne connaisse que des citoyens.

VI.

Qu'une amnistie générale détruise le souvenir des haines, la possibilité des réactions, appaise les troubles de la Vendée, rende la liberté aux proscrits, et n'excepte que les émigrés.

VII.

Que la presse soit libre, mais que nul écrit ne puisse paraître sans nom d'auteur et d'imprimeur.

à resserrer leurs capitaux, et à prendre le moins de part possible aux charges d'un état qui les méconnaît comme citoyens.

Ne pas signer un ouvrage estimable est une fausse modestie, qu'on ne doit pas encourager dans une république, où tout citoyen doit le tribut de ses talens comme celui de son bien. Publier un libelle anonyme est une lâcheté qu'il faut rendre impossible.

VIII.

Que la forme des élections soit modifiée, de manière que la propriété, base de toute association politique, soit une condition essentielle d'éligibilité, et dans des proportions relatives au degré d'importance des fonctions déléguées et à la garantie nécessaire.

IX.

Que nul fonctionnaire public ne puisse être destitué sans des motifs exprimés.

X.

Que le nombre des fonctionnaires publics, et sur-tout des employés, soit réduit; mais que leur traitement les mette au-dessus du besoin, et que l'on consulte toujours, pour leur nomination, leurs talens, leur moralité et leurs services antérieurs.

XI.

Que l'on prolonge la durée des fonctions qui demandent de longues études préliminaires, une grande expérience, telles que les fonctions de juges; ils doivent être toujours rééligibles, et ils seront moins tentés de vendre la justice.

XII.

Que les audiences des autorités, sur-tout des premiers magistrats, soient faciles à obtenir, pour détruire autant que possible les intrigues d'antichambre.

XIII.

Que tout fonctionnaire comptable, tout juge civil ou criminel soit tenu de fournir un cautionnement qui serve de garantie en cas de prévarication ou de forfaiture.

XIV.

Que nul agent diplomatique, nul plénipotentiaire, nul général d'armée ne puisse insérer dans un traité de paix ou dans une capitulation des articles *secrets*, ayant pour objet de recevoir ou donner des sommes d'argent, ni lever des contributions sur pays ennemis, sans en donner connaissance au gouvernement, qui en rendra compte; sans cela le peuple ne peut savoir si les impôts qu'on lui demande sont nécessaires, et le corps législatif ne peut en asseoir les bases.

XV.

Que tout ministre soit tenu de rendre ses comptes publics au moins à chaque trimestre.

XVI.

Qu'une loi précise détermine les bases de la responsabilité des fonctionnaires publics et le mode de procéder contre les prévaricateurs.

XVII.

Qu'il soit établi des peines contre la délation et la calomnie.

XVIII.

Que tout fournisseur de la république soit tenu de donner la déclaration de sa fortune avant de faire sa soumission.

XIX.

Que dans aucune affaire, contrat, vente, acquisition, on ne puisse prendre un *prête-nom*.

XX.

Que tout citoyen marié, contractant une obligation, soit tenu de déclarer s'il est commun en bien avec sa femme.

XXI.

Qu'on établisse des formes promptes et sûres pour arrêter et punir tout banqueroutier frauduleux; l'impunité scandaleuse dont ils jouissent depuis long-temps les multiplie chaque jour d'une manière effrayante et perd le crédit public.

XXII.

Que la contribution foncière ne puisse jamais excéder le sixième ou le cinquième du revenu net.

XXIII.

Qu'une autorité juge publiquement, promptement et contradictoirement toutes les réclamations relatives aux impositions : que ses décisions soient sujettes à l'appel avec amande pour l'appelant, s'il succombe (1).

XXIV.

Que tout citoyen puisse plaider dans les tribunaux contre le gouvernement pour intérêt civil et pécuniaire : le gouvernement ne peut pas être juge et partie dans sa propre cause.

XXV.

Que les caisses nationales reçoivent toujours le papier qu'elles donnent en paiement, pour les mêmes valeurs et pour toute créance ; le contraire est une banqueroute permanente qui nourrit l'agiotage du Perron et détruit la confiance.

XXVI.

Que la dette publique consolidée soit liquidée, par la cession des biens nationaux, ou par une caisse d'amortissement.

---

(1) La commission du bureau central, chargée maintenant de cette importante magistrature, est une inquisition arbitraire et vexatoire.

XXVII.

Qu'il ne soit fait aucune réquisition forcée.

XXVIII.

Que la mendicité soit abolie, la prostitution réprimée et les maisons de jeu fermées *à jamais*. La tolérance que le gouvernement ferait payer aux banquiers de jeu le déshonorerait et démoraliserait le peuple ; c'est une aussi coupable indulgence qui multiplie les escrocs, les faussaires, les assassins et les suicides.

XXIX.

Que la loterie nationale soit calculée de nouveau et d'une manière moins funeste pour le peuple (1).

---

(1) L'ancienne loterie de l'hôtel-de-ville était tout-à-la-fois morale et productive. Les chances étaient calculées de manière que les joueurs avaient pour eux 70 à partager et l'hôtel-de-ville 30 pour $\frac{0}{0}$, qui, répétés deux fois par mois, donnent 60 pour cent d'intérêt d'une somme qui n'est point avancée.

XXX.

Que le droit de passe (s'il est conservé) se perçoive à des distances égales et que le prix ne varie point à chaque barrière.

XXXI.

Que les lois forestières soient revues et que des primes d'encouragement soient distribuées aux cultivateurs qui auront amélioré l'agriculture dans leur canton.

XXXII.

Que les tribunaux de département aient les moyens de faire exécuter leurs jugemens contre les fermiers débiteurs.

XXXIII.

Que le code civil soit achevé, et qu'il donne plus d'extension à la puissance paternelle (1).

---

(1) Les pères avaient deux armes morales contre l'inconduite de leurs enfans : *l'exhérédation* et *la substitution*. Ils ne les ont plus; mais, si la substitution indéfinie était un abus, celle qui ne passait pas le premier degré était un frein nécessaire; car il est affreux qu'un père voie son fils ruiner ses petits-enfans, sans pouvoir les soustraire à la misère.

XXXIV.

Que la loi du divorce soit modifiée : l'intérêt, la séduction et la débauche en ont fait un jeu criminel, qui détruit tous les liens moraux de la société.

XXXV.

Que la décence et le respect accompagnent les derniers honneurs rendus aux citoyens; que le lieu de leur sépulture ne soit point profané.

XXXVI.

Que les fêtes nationales soient réduites, qu'elles soient solemnelles, et qu'elles aient toujours un but d'utilité directe.

XXXVII.

Que l'organisation de l'éducation publique soit achevée.

XXXVIII.

Que la garde nationale soit rétablie dans sa dignité primitive, et qu'on n'y admette que des citoyens éligibles.

XXXIX.

Que tout conscrit ou réquisitionnaire reconnu plus utile par ses talens civils que militaires, ait la faculté de se faire remplacer à ses frais par un soldat volontaire.

XL.

Que les formalités pour obtenir des passeports soient simplifiées.

XLI.

Que la candidature soit rétablie, avec des formes qui puissent en faire le thermomètre de l'opinion publique.

L. CADET-GASSICOURT (1).

---

(1) En signant cet écrit je sais à quoi je m'expose; mais, en m'élevant contre tout écrit anonyme, même utile, je me suis imposé l'obligation de donner l'exemple.

www.ingramcontent.com/pod-product-compliance
Lightning Source LLC
Chambersburg PA
CBHW060928050426
42453CB00010B/1901